AF465754

QUE DEVIENT

QUE DEVIENDRA

LA FRANCE?

PAR

AGRICOL PERDIGUIER

Prix : 30 centimes

PARIS
LE CHEVALIER, ÉDITEUR
61, rue Richelieu, 61
CHEZ L'AUTEUR, RUE TRAVERSIÈRE, 38
Faubourg Saint-Antoine

1874

QUE DEVIENT

QUE DEVIENDRA

LA FRANCE?

PAR

AGRICOL PERDIGUIER

PARIS

LE CHEVALIER, ÉDITEUR

61, rue Richelieu, 61

CHEZ L'AUTEUR, RUE TRAVERSIÈRE, 38

Faubourg Saint-Antoine

1874

QUE DEVIENT
QUE DEVIENDRA LA FRANCE ?

UN MOT

Ce travail est écrit depuis plusieurs mois, M. de Broglie était encore vice-président du Conseil, et je le visai quelque peu. Je voulais paraître sans retard, étant parfaitement en situation ; mais, pauvres ouvriers ! que nous avons de la peine à faire arriver nos idées au grand jour ! Que d'obstacles ! Enfin, gardons-nous de nous plaindre, laissons là les détails et avançons.

Paris, 10 Juillet 1874.

I

Ne soyons pas exclusifs.

Que nous sommes malheureux ! que nous traversons des temps horribles ! Cette France, qui était la patrie de la civilisation, des grandes idées, l'espoir de tous les peuples, que va-t-elle devenir ? Ah ! que je voudrais de l'ensemble ; que je redoute les discordes de notre parti ! et quelles sont préjudiciables à nous d'abord, ensuite à l'humanité tout entière.

La république, excellente chose, devrait être le gouvernement de toutes les nations, et pourtant nous ne la voyons presque nulle part !..... Elle a brillé en Grèce, à Rhodes, à Syracuse, à Carthage, à Rome, et plus tard à Gênes, à Venise, à Florence. Maintenant, bien que nous soyons plus âgés, que nous dussions avoir acquis de l'expérience, de la raison, de la capacité, nous en comptons une en Europe, la Suisse ; une en Amérique, les Etats-Unis ; voilà tout. Je ne parle pas de celles de l'Amérique du Sud, de race espagnole, dont l'une vient de voter un dixième de son revenu public en faveur du pape, et sans doute pour l'aider à implanter le *syllabus* parmi les hommes et troubler le repos universel. Et nous, la France, nous voilà à notre troisième république, et si nous n'avions pas trois prétendants, trois nuances de monarchistes hostiles les uns aux autres, elle serait déjà enterrée commes ses deux devancières. Nous ne vivons que par les désunions, les fautes, les travers de nos ennemis, ce qui nous fait très peu d'honneur.

Notre principe est bon, le peuple n'est pas méchant, et tirerait profit de sa mise en pratique si nous savions le cultiver, le faire comprendre et vouloir ; et nous ne pouvons rien instituer de durable, et nous roulons de chute en chute. Pourquoi en est-il ainsi ? Ayons l'audace de la vérité. C'est qu'il arrive que ceux qui se mettent en tête ne sont pas toujours à la hauteur d'une aussi grande tâche, qu'ils manquent ou d'idéal, ou d'énergie, ou de sens pratique, ou de vertus suffisantes en de si graves moments, où tout est à refaire : mœurs, lois, constitution... moments où la finance est basse, le travail nul, la misère extrême, et où des ennemis puissants, à l'intérieur comme à l'extérieur, calomnient notre cause et nous entravent de toutes les façons. Ajoutons ceci, qui est le pire de tous les maux : il y a les violents, les exagérés qui ne tiennent nul compte de la nature de l'homme, qui outrent tous les principes, qui ne comprennent pas que tout doit se développer progressivement, et qui, pourtant, malgré leur agitation, étant restés en bas, mêlés aux foules, veulent renverser ceux qui sont en haut et prendre leurs places. A ces violents de bonne foi se mêlent les traîtres, les monarchistes déguisés en républicains extrêmes, poussant à toutes les extravagances de théories, de paroles et de faits. Ils froissent, blessent, effraient, font prendre en dégoût notre cause ; la société recule, et nous voilà vaincus. Où trouver un autre motif à toutes nos misères ?

J'en connais plus d'un de ces misérables qui, pendant la Commune, continuant à recevoir leur salaire de l'impérialisme, déclamaient à outrance contre Versailles, et poussaient à toutes les violences. Ce qu'ils voulaient c'était le renversement de l'assemblée, l'annulation du traité de paix, l'entrée des Prussiens dans la capitale et dans toutes nos grandes villes pour en prendre possession et y tenir garnison, le retour de Bonaparte régnant à nouveau avec l'appui des étrangers, et ils travaillaient en conséquence. C'était inique, mais c'était très adroit.

Les hommes, il faudrait les former dans l'école, élever leur idéal, leur inculquer une haute morale, leur faire aimer la simplicité, le désintéressement, tout ce qui est juste et fraternel ; mais si une fois les préjugés, l'égoïsme, les vanités, les mauvais principes sont en eux, comment les déraciner ?

Il ne faut pas croire que tout peuple, du jour au lendemain, soit capable et digne d'un gouvernement républicain. Il faut l'instruire, il faut le travailler, et ce n'est pas là l'œuvre d'un moment.

Voyez les compagnons. J'ai travaillé quarante ans pour les mettre en paix avec eux-mêmes ; pour les amener à la raison, les rendre frères ; et je n'ai accompli que la moitié de ma tâche.

J'ai vu récemment encore quelques charpentiers, d'autres travailleurs, même un cloutier qui se prétend des plus avancés en socialisme, qui ne regardent pas les cordonniers, les boulangers, les coiffeurs comme leurs égaux, prétendant que ceux-ci ne sont pas assez artistes, qu'ils pratiquent des métiers trop inférieurs, qu'ils sont trop esclaves de leurs patrons ou de leur travail, et de là la répulsion. Quelle philosophie ! Le clou repousse une riche coiffure. Il est un objet d'art, lui, et le reste n'est rien. Il y a donc aussi de l'aristocratie en bas, chez le pauvre, chez le simple ouvrier, chez le compagnon. J'en ai vu exigeant des respects, des soumissions dépassant toutes mesures et provocant, dans la suite, des troubles et des scissions ; et ces mêmes hommes si fiers, si hauts, si dominateurs, bien que sachant peu, ne se seraient pas inclinés devant les plus sublimes personnages, devant le génie, devant la vertu en personne, devant tout ce qu'il y a de plus grand et de plus beau dans l'humanité. Corrigeons-nous. Non, point de bassesse, point d'orgueil ridicule, le droit pour chacun ; soyons dignes, et en toute situation remplissons notre tâche avec cœur et loyauté. Mais qu'il reste à faire ! que de progrès à réaliser sous le rapport de l'esprit, des mœurs, du jugement, du caractère !...

Que les Américains sont plus graves, plus réfléchis, plus sages, plus démocratiques que nous ! Il y a cent ans, ils ont fait une république ; ils l'ont gardée. C'est qu'ils n'ont pas nos préjugés de caste, de métier, de fortune, nos vanités. L'homme est prisé là comme homme, et non autrement. D'un charpentier, d'un tailleur d'habits, d'un ouvrier imprimeur, ils font des présidents de république, des ambassadeurs, de grands hommes d'État. Ce n'est pas l'intérêt, la vanité, l'amour d'un hochet, d'un titre qui les touchent et les guident, c'est la vertu, c'est l'attachement au devoir, c'est l'ambition de la gloire réelle. Est-ce chez nous que des faits semblables pourraient se produire ? Est-ce que le réactionnaire, le libéral, le pauvre, le riche, même le simple travailleur n'en seraient pas scandalisés au dernier point ? Pourquoi cela ? C'est que bien que notre cœur soit sympathique, aimant volontiers les hommes de toutes nations, nous sommes encore bien en retard, et qu'il nous reste beaucoup à acquérir dans le domaine de l'instruction et des véritables principes de la démocratie.

Il faut qu'il y ait un grand vice dans notre religion ou dans la manière de l'enseigner, un grand vice dans notre éducation, et que la philosophie dont on imprègne le cerveau de la jeunesse la plus favorisée de la fortune ne soit d'usage que dans l'école, ne soit bonne que pour argumenter, briller, étonner ou fatiguer ; que rien ne descende dans les cœurs, n'agisse sur les âmes, ne fortifie et sanctifie les convictions, pour que le monde soit aussi mal géré que nous le voyons, et qu'il y ait encore dans la société, en bas comme en haut, tant d'ignorance, de misères et de corruption.

Que de faiblesses ! Que de vanités ! Combien d'hommes ont passé du rouge au bleu, du bleu au blanc, guidés, non par l'amour du bien, mais par la bassesse des sentiments. Et d'autre part, même parmi les honnêtes, quel manque de sagesse ! que d'exagération ! On dirait que nous perdons nos causes à plaisir.

Je ne veux pas faire un cours d'histoire, je reste dans le présent, et au risque de déplaire à quelques-uns de mes amis, la vérité coulera de ma plume.

Si nous avions su fermer nos oreilles aux appels du comité central, rendre les canons, garder nos fusils, éviter la Commune, rester calmes, unis, organisés par bataillons, maintenir la paix dans notre pays, quelle force n'avions-nous pas? La garde mobile, la garde nationale devenaient la réserve, l'armée territoriale, une puissance invincible ; le soldat leur était sympathique, l'opinion publique ne nous quittait pas un instant, tout devenait républicain, et il y a longtemps que l'assemblée de Versailles eut fait place à une autre assemblée autrement démocratique.

Il ne fallait pas se diviser, il ne fallait pas inventer le mot RADICAL, qui fait peur à la bourgeoisie et l'éloigne de nous. Nous avons besoin d'elle ; sans elle, sans son concours, nous ne fonderons jamais la République dans notre pays. Donc, à bas la colère, à bas l'exclusivisme; il nous faut de la science, il nous faut de la prudence; ne pas repousser, et attirer sans cesse à nous.

Il en est qui disent en pensant à quelqu'un : je ne veux pas de cet homme-là; il a été notre adversaire, notre ennemi; il nous a fait beaucoup de mal voilà vingt-cinq ou trente ans, et je le maudis dans le présent et dans l'avenir. Saint Paul avait fait du mal aux chrétiens ; il était le plus acharné de leurs persécuteurs; ensuite il tourna de leur côté; il leur donna son cœur, son âme, toute son énergie, il fut le plus grand, le plus puissant de leurs défenseurs, et les chrétiens se gardèrent bien de le repousser. Lamennais, Lamartine, Victor Hugo étaient légitimistes, ennemis de la république, de notre grande révolution de 1789, et puis, éclairés par les événements, la marche des idées, l'éclat du jour nouveau qui se répandait sur toutes les nations, ils sont venus à nous, et c'est avec une grande joie que nous les avons accueillis. Le peuple, en 1848, eut à nommer un président de la République, mais imbu de l'idée napoléonienne, et bien que le général Cavaignac fut alors le chef du pouvoir exécutif, autant dire le candidat officiel; bien que par ses ministres, hommes de son choix, il eut nommé les préfets, les commissaires, les fonctionnaires de tous les degrés, dont le dévouement lui était assuré, ce fut son concurrent, un prétendant, un conspirateur plusieurs fois frappé par la justice, enfin Louis Bonaparte, qui fut élu, que le vote éleva à la suprême magistrature. Ce même peuple, après le coup d'État, crime capital, prorogea les pouvoirs du criminel, le fit empereur, lui donnant, dans des votes successifs, six, sept, huit millions de voix. Fallait-il nommer un corps législatif? Sur trois ou quatre cents députés on comptait cinq républicains; pas plus; tout le reste était monarchiste et réactionnaire. Voilà la vérité; voilà comment a travaillé le peuple lui-même, armé du suffrage universel, pendant vingt ans, et jusqu'à l'affreuse guerre de 1870. Oui, il y avait des influences, des intrigues, des moyens de corruption de toutes les sortes; mais disons aussi qu'il y avait de l'aveuglement, des faiblesses, un égoïsme coupable partout, en haut comme en bas, et que de là vint le succès des corrupteurs. Et maintenant, si nous voulons repousser les hautes intelligences qui viennent à nous, si nous voulons repousser les foules qui, ayant ouvert les yeux, sont disposées à accepter nos idées et nos principes, si nous voulons que tout ce qui a été monarchiste ne soit jamais républicain, je le demande à toutes les intelligences, à toutes les consciences, comment fonderons-nous la République?

Un homme d'un profond savoir, habile, perspicace, connaissant la finance, la diplomatie, l'administration, la conduite des affaires, a su imposer silence à ses vieilles convictions, inspirer la confiance à la France et au monde, réaliser un vaste emprunt, nous délivrer de nos envahisseurs par anticipation, nous tenir en bonnes relations avec les puissances, les faire nos amies, disposer un nombre infini de bourgeois, de riches, de commerçants, d'industriels, même d'hommes à particule, à venir à nous, à accepter la République, et cet homme qui nous a fait, qui nous fait tant de bien, nous le repousserions sous prétexte qu'autrefois il n'était pas des nôtres! Mais ce serait repousser le centre gauche, une partie de la gauche républicaine, ce serait nous affaiblir dans l'assemblée, dans le pays, même chez l'étranger, et par conséquent, quelque chose de fatal à la France, de fatal à notre cause.

Celui qui nous servait si bien nous l'avons méconnu, et le 27 avril 1873, en repoussant son dévoué ministre dans un vote populaire, en repoussant la République conservatrice reposant cependant, ne l'oublions pas, sur le suffrage universel, en dressant le drapeau radical dans Paris, ensuite ailleurs, nous avons effrayé, fait reculer les timides qui venaient à nous, irrité, crispé, coalisé, groupé toutes les réactions, tous les mauvais vouloirs, et par là causé la chute de l'ami qui nous servait si bien, et élevé sur le pavois, bien que ce ne fut pas l'intention du grand nombre, le gouvernement de combat qui, depuis longtemps, s'organisait dans l'ombre et cherchait à se produire.

Et puis on s'est écrié : pourquoi s'est-il retiré ? il ne le devait pas !... Mais si les royalistes lui sont contraires, si les républicains l'accusent et le repoussent, où trouvera-t-il son point d'appui ? Comment pourra-t-il gouverner ? Il s'est retiré, nous le méritions ; il ne pouvait faire autrement.

II

La Politique loyale et celle qui ne l'est pas.

Voilà les royalistes gouvernant la République ; voilà ce que je craignais, ce que je redoutais, ce que j'aurais voulu éviter à tout prix. Aussi, dès le 9 décembre 1872, en présence des intrigues, des conspirations de toutes natures troublant notre pays, paralysant les affaires, je crus devoir écrire au Président de la République, à M. Thiers, et entre autres choses lui dire ceci :

« A MM. Batbie, Ernoul, Baragnon, de Broglie, etc., il faudrait donner les ministères, la haute autorité, la direction de l'armée, de la marine, à leurs partisans, à leurs serviteurs, les préfectures, les ambassades, la tête de toutes les administrations, de toutes les surveillances... Les royalistes voudraient gouverner la République, les loups voudraient garder la bergerie... Que deviendrait le troupeau !...

« J'ai toujours prêché la paix, la patience, la modération, la concorde, la marche loyale et douce, mais au point où en sont nos affaires politiques depuis un mois, qu'espérer de la situation ? A quoi pouvons-nous aboutir ? Où allons-nous ? »

Ici je demandais qu'il fut proposé à l'assemblée, avec le langage le plus doux, le plus persuasif, sa dissolution patriotique et volontaire, et sur son refus de se retirer, un appel au pays, un plébiscite sur la grande question de RÉPUBLIQUE OU MONARCHIE.

Que le peuple était beau ! et de combien, ayant M. Thiers à notre tête, nous l'eussions emporté ! Notre triomphe eut été des plus éclatants, et nous aurions évité ce marasme sans fin qui nous énerve et nous tue. Enfin, je donnais mon avis ; c'est le droit de chacun.

Cette lettre, la courte réponse qui lui fut faite, je les rendis publiques ; entr'autres journaux, l'*Emancipateur de Toulouse* les publia... Le *Français*, *Paris-Journal* me prirent à partie ; je fus rudement secoué ; et M. Thiers et M. Barthélemi Saint-

Hilaire ne furent pas ménagés pour n'avoir pas « protesté contre une pareille lettre. » L'on fit de nous les amis de Duportal, de défunt Delescluse; enfin, nous étions des radicaux, des rouges, des hommes terribles. Ça en était vraiment risible... Et l'*Echo de la province* ! rédigé par M. Bénézet, le président du congrès de la presse légitimiste départementale, le correspondant de Henri V, c'est là qu'il y eut des railleries, des apostrophes, des insinuations méchantes, des fureurs singulières. C'est bien le cas de dire : « Tant de fiel entre-t-il dans l'âme des dévots ! » Non, non, ils ne sont pas doux, et Dieu nous préserve d'être un seul jour sous leur barbare domination.

Ma voie de salut n'était pas la seule, elle pouvait n'être pas la meilleure, M. Thiers avait son plan, sa tactique, il voulait attirer à lui, et je crois bien que si nous eussions écouté ses conseils, appuyé sa personne et ses actes, même avec quelque réserve, la République serait aujourd'hui fondée au lieu d'être sans cesse contestée, insultée, au grand détriment de la France et de tous nos intérêts.

Au 27 avril je me gardai bien de lui être hostile ; je l'appuyai dans son ministre, M. Rémusat, par une lettre au comité Carnot, que la presse publia... Je ne voulais pas des monarchistes à la tête de la République. Je le voyais, ce gouvernement de combat qui s'organisait en silence et voulait prendre possession. Il arriva à ses fins; il gouverna, il gouverne, la réaction est maîtresse.

Quelle situation !

Le peuple veut la République, l'assemblée la repousse et ne peut faire la monarchie. Elle voulait sortir du provisoire, et puis elle ne le veut plus et nous donne un provisoire de sept ans. Des hommes s'appellent les ministres de la République, les chefs, les tuteurs, les magistrats de la République ; ils se parent de titres républicains, ils touchent les émoluments attachés à leurs fonctions; mais veulent-ils fonder, veulent-ils faire prospérer la République ? Que j'applaudirais, s'il en était ainsi.

J'ai lu ceci dans les *Lettres Persanes* du savant, du profond Montesquieu :

« Il y a longtemps que l'on dit que la bonne foi était l'âme d'un grand ministre.

» Un particulier peut jouir de l'obscurité où il se trouve; et il ne se décrédite que devant quelques gens, il se tient couvert devant tous les autres ; mais un ministre qui manque à la probité a autant de témoins, autant de juges qu'il y a de gens qu'il gouverne.

» Oserais-je le dire ? le plus grand mal que fait un ministre sans probité n'est pas de desservir son prince et de ruiner le peuple ; il y en a un autre, à mon avis, mille fois plus dangereux. C'est l'exemple qu'il donne. »

Que d'hommes, sous l'empire, ont frappé nos regards, attiré

notre attention ! Quels exemples... Et comment pouvions-nous ne pas nous corrompre ? Aussi, pauvre France, quel châtiment ! et trop mérité...

Oui, il faut de la franchise, de la loyauté en toute chose, et même de la loyauté politique, ce qui est trop rare.

Un homme, sous une royauté, peut être républicain, souhaiter le triomphe de son principe, et même y travailler ; mais si cet homme fait sa cour au Roi, devient son ministre, et si, en cette situation, il conspire contre celui qu'il a voulu servir, contre la royauté, ce n'est plus qu'un misérable, qu'un traître que j'accable de tout mon mépris. D'autre part, sous la République, un homme peut agir en faveur de la royauté ; mais s'il convoite les premiers emplois, s'il les obtient, s'il s'appelle le ministre, le plus haut fonctionnaire de la République ; s'il est fier de son titre, de sa fonction, s'il en reçoit salaire, et si néanmoins il conspire contre le gouvernement qu'il a voulu servir ; s'il veut le tuer, l'assassiner, que dire de cette façon de comprendre le devoir et la probité ?

Si un individu convoite une tutelle, s'il l'obtient, et si, au lieu de protéger les intérêts de son pupile, il ne cherche que sa ruine et sa mort, que dire d'un tel tuteur ? Je refuse de le qualifier.

Il y eut dans le temps de grands ministres : les Suger, les Sully, les Lhopital, les Richelieu, les Colbert, les Turgot, les Necker, les Carnot... On ne les a pas oubliés. C'est que ces hommes-là n'avaient pas que de l'esprit, des ruses et des lieux-communs à leur service ; ils n'étaient pas si médiocrement dotés : ils avaient de l'âme, du cœur, de la grandeur, de la foi, du caractère, le saint amour du peuple, et ce qu'ils avaient voulu au commencement de leur vie, ils le voulaient à la fin. Ils avaient des principes enracinés au fond de leur conscience, ils étaient doués d'une haute probité politique ; ils ne se livraient pas à de tristes palinodies, et leur exemple ne pouvait corrompre, dégrader le peuple. Aussi ont-ils laissé de grands noms !

Et maintenant, quels exemples, quelle moralité laisserons-nous aux générations futures ? Où sont les principes ? Que sont devenus nos décentralisateurs de Nancy, de Lyon, de Paris et d'ailleurs ? Ils criaient sur tous les tons : Décentralisation ! décentralisation ! Et il faut leur rendre cette justice qu'ils ont d'abord fait une bonne loi municipale, qu'ils n'ont pas moins bien travaillé à propos des conseils généraux. Outrant le principe, ils ont voulu que les membres de ces conseils fussent élus pour neuf ans ; poussant encore plus loin, quelques-uns d'entre-eux, et des plus chauds monarchistes, demandaient même que, en cas de nouvelle révolution, les conseillers départementaux pussent se réunir, former assemblée et devenir, au moins pour un temps, le gouvernement de la France. Ils étaient décentralisateurs excessifs, libéraux à outrance. Mais, qui eut pu le croire! ils n'ont pas été choisis pour maires, pour adjoints; dans les conseils municipaux, dans les conseils généraux ils sont une infime minorité. Les places qu'ils avaient reluquées, sur lesquelles ils comptaient, les républicains les ont obtenues de la sympathie populaire. Quelle surprise! Quel désanchantement! De là une éclatante volte-face. Ce qu'ils ont voulu, ils ne le veulent plus; ce qu'ils ont fait, ils le défont; toutes nos libertés les gênent, et néanmoins ils sont les seuls honnêtes gens, les classes dirigeantes, les conservateurs par excellence. Voilà au moins des principes tout-à-fait particuliers, que je ne puis cependant me résoudre à admirer.

Bien plus, ils ont nommé un président de la République; ils ont voulu qu'il y eût des ministres de la République, des ambassadeurs, des préfets, des magistrats de la République. Les affiches de l'autorité, les papiers publics que nous lisons aux coins des rues, portent en tête: *République Française*; tous les gouvernements, toutes les puissances correspondent, traitent avec cette République, la reconnaissent, et nos hommes d'Etat conservateurs, et notre gouvernement même ne la reconnaissent pas, tout en s'affublant de qualifications et de titres républicains. Vous êtes président de quoi? Ministres de quoi? Ambassadeurs de quoi? — De la République française. — Il y a donc une République française? Nullement, il n'y en a point. — Vous êtes donc les fonctionnaires de ce qui n'existe pas, payés par ce qui n'existe pas? Expliquez-moi donc ce mystère?..,

Arrêtons-nous; un mystère ne s'explique pas.

Ne sommes-nous pas de sublimes philosophes! de profonds politiques, d'étranges personnages! Que doivent penser les étrangers de la logique et de la cervelle de nos grands hommes d'État? Ce serait comique, et nous ririons volontiers de toutes ces excentricités si tous nos intérêts n'étaient pas si gravement compromis. Mais passons.

M. Thiers a trouvé des milliards, il nous faisait des amis dans tous les pays du monde, on allait à la présidence, non pour danser, mais pour entendre cet enchanteur. On avait un but marqué, défini, vers lequel on marchait pas à pas, et les affaires allaient quelque peu malgré toutes les cabales royalistes et toutes les tracasseries dont le Président était l'objet et la victime... Mais maintenant, quelle chute dans le travail, dans le commerce, et de quelles lois ne nous menace-t-on pas pour les relever.

III

Mon effroi des nouveaux Impôts.

Plein d'inquiétude j'écrivis, le 20 décembre 1873, à un homme d'un grand mérite, une lettre dont je veux donner ici quelques fragments :

« Et maintenant que faisons-nous ? Où allons-nous ?

« Que sont devenus nos décentralisateurs... Les masses populaires, même la bourgeoisie, ne leur sont pas sympathiques. Donc, à bas la décentralisation, menace au suffrage universel, menace au jury, menace à la presse, menace à toutes nos libertés. Et voila des chrétiens ! Voila comment ils comprennent la grandeur et la sainteté des principes !

« On supprime quelques impôts, on croirait que nous sommes trop riches ! D'autre part on invente des impôts nouveaux, et l'on voit bien que nous sommes trop pauvres. Pourquoi bouleverser ainsi toutes choses pour n'obtenir que de piètres résultats ?

« Quoi ! Peser sur les pauvres quand la pauvreté est excessive ! Peser sur Paris quand Paris a déjà tant souffert ! Peser sur les faibles au lieu de peser sur les forts !

« Augmenter les prix de transports n'est-ce pas augmenter le prix de la viande, du pain, du vin, etc., etc., et prendre sur la nourriture du pauvre peuple ?

« On parle d'augmenter l'entrée des vins dans Paris d'un décime. Ce serait dix pour cent ; le moment est on ne peut plus mal choisi.

« Les petits vins de Montpelliers qui se vendaient il y a quatre ans dix centimes le litre, sont montés à trente-cinq et quarante centimes ; les Narbonnes, qu'on avait pour quinze centimes, sont à quarante et quarante-cinq centimes ; tous frais en plus, tels que fourniture de tonneaux, soutirage, mise en gare, commissions. Puis voilà les transports par chemin de fer qu'on veut renchérir, puis voilà les entrées en ville qui vont aussi subir une augmentation. Ces vins reviendront à 80 centimes aux négociants. A quels prix devront-ils donc les livrer aux consommateurs ?

« Il y a trois ans passés que Paris souffre ; il a subi un long siége, la Commune, la guerre civile ; il est chargé d'impôts, et lorsque nous ne pouvons plus nous soutenir, comment résister à un surcroît de charge ? L'ouvrier pâtit, l'industrie, le commerce sont aux abois ! Encore quelques mois de la sorte et nous sommes tous ruinés. Et si une fois ceux qui occupent les ateliers et les magasins sont à bas, que deviendront les artisans et les commis, et qui sont ceux qui pourront payer des loyers et des impôts ?

« Je vous peins, Monsieur, la plus terrible des situations ; nous entrons dans la phase la plus désolante de notre histoire. Trois ans de souffrance, et l'on veut nous imposer de nouvelles charges !... Nous sommes à bout.

« Des observateurs superficiels prétendent que le vin étant plus cher il y aura moins d'ivrognes, et cette pensée les console : c'est le contraire qui sera vrai. Les ménages parisiens boiront de l'eau ou de mauvaises boissons qu'ils se fabriqueront ; le vin sera pour l'homme le dimanche au cabaret, et toute la famille se trouvera fort mal, de toutes les façons, de ce nouvel état de chose.

« Ce ne sont pas les pays où les vins abondent qui en mésusent le plus.

Que l'on compare les habitants de la Provence et du Languedoc à ceux de quelques provinces du Nord, de l'Est et de l'Ouest où ce liquide fait défaut ou se vend fort cher, et l'on sera convaincu de la justesse de mon observation.

« On croit tirer grand profit de cette accumulation de charges sur Paris, sur Paris déjà si malade ; on accélère sa ruine et l'on se prépare de tristes déceptions.

« Puissiez-vous, Monsieur, ou quelqu'un de vos bons amis, élever la voix en notre faveur. Nous avons grand besoin de votre secours. »

Depuis l'envoi de cette lettre, que je ne donne qu'en raccourci, rien ne s'est amélioré ; nous descendons toujours, et l'épouvante nous gagne. Mais à d'aussi grands maux ne pourrait-on trouver quelque grand remède ? Quoi ! serions-nous destinés à périr ainsi faute de nous aider les uns les autres !

IV

L'Impôt progressif.

Les lois d'impôts nouveaux, que je redoutais, ont été votées ; tout est plus cher dans Paris et ailleurs, et le travail et le commerce sont nuls. Comment s'acquitter envers le propriétaire ? Comment envers le fisc ? Comment faire renaître les affaires ? Comment occuper les bras ? Comment faire arriver le pain à toutes les bouches ?

Ce n'est pas l'industrie, ce n'est pas le commerce, qui ne font point d'affaires, dont les ressources sont épuisées, qui voient arriver chaque terme en tremblant, qu'il faut, qu'il fallait imposer, mais la richesse vraie, mais la possession réelle.

Encore quelques mois de la sorte, et toutes les boutiques, tous les magasins, tous les ateliers se ferment ; le propriétaire ne reçoit plus ses termes, l'État plus ses impôts. Où sera donc la richesse et que devient la France alors ?

L'égoïsme est une funeste chose, d'un aveuglement sans pareils, et qui, dans les grandes crises des nations, ne comprend nullement ses propres intérêts.

On prétend que lorsqu'une nation périt, c'est qu'elle était trop riche ; ainsi parle-t-on de la vieille Rome. Disons plutôt que la fortune était trop mal distribuée, qu'il y avait trop de richesse d'un côté, trop de misère de l'autre, trop d'inégalité par conséquent, et que delà vint la ruine et la chute.

Quel bruit ne fit-on pas à Rome à propos des lois agraires ! Les riches s'étaient emparés des terres conquises appartenant à l'État, qu'ils faisaient cultiver ou laissaient en friche. Les vieux soldats, les vétérans demandaient leurs parts relatives de ces biens, sur lesquels ils voulaient vivre en travaillant, en les arrosant de leurs sueurs. Les riches ne l'entendirent pas ainsi; il y eut des fureurs, d'horribles colères, et les Gracchus, les Drussus, les Saturninus, tribuns du peuple, furent égorgés par les sénateurs pour avoir pris le parti des pauvres, des multitudes... Et voilà pourquoi celles-ci, à la fin, irritées, désespérées, se donnent aux premiers tyrans de génie ou ayant un grand nom qui leur promettent satisfaction. Ce qui arriva à Rome, était arrivé à Syracuse, arriva plus tard à Florence et ailleurs. Voilà comment la liberté périt, voilà l'origine de tous les despotismes qui se fondent sur les débris des républiques, vieilles et modernes.

Les barbares vinrent ensuite, de cruelles calamités passèrent sur le pays, et les grands comme les petits ne furent pas sans être rudement châtiés. Ce fut à la fin un troupeau d'esclaves. Voilà à quoi mènent l'altier orgueil, le lâche égoïsme, l'ignoble cupidité et l'oubli de tous les devoirs. Le peuple veut manger; on l'oublie trop souvent.

Au temps où nous sommes, aujourd'hui, est-ce que les riches, les propriétaires, les rentiers, n'auraient pas tout intérêt à se charger eux-mêmes, à laisser travailler, à laisser subsister leurs locataires? S'ils les épuisent, est-ce qu'ils ne tarissent pas la source de leurs propres revenus?

Eh bien! au risque de passer pour un socialiste, j'aurais voulu frapper la richesse; je serais allé jusqu'à l'impôt progressif, et voici comment je m'exprime dans un article publié le 10 février 1871 dans un journal de Paris et reproduit dans ma brochure *Comment constituer la République*, page 12.:

« Les impôts doivent être vraiment proportionnels ; cependant, dans un temps de crise, de misère publique, de ruine, de sang, de mort, comme celui où nous sommes, je ne reculerais pas devant un impôt extraordinaire et progressif, mais frappé une fois pour toutes sur l'ensemble de chaque fortune. Moi, je suis loin d'être riche; j'ai dévoré mon pauvre patrimoine par la prison, par l'exil, par les soins à donner à ma famille, à mon beau-père, à ma belle-mère, par mon dévouement à mes frères les travailleurs qui sont bien loin de se douter de tout ce que j'ai fait pour eux!

» Forcé par la nécessité, je me suis fait marchand de vin au panier, à la bouteille après avoir été trente ans professeur d'architecture et de trait, de coupes de bois et de coupes de pierre, et ça marche; nous vivons! Eh bien! si maintenant on me disait: Pour le salut de la patrie, pour racheter le peuple de la famine, de la servitude, il nous faut le quart, le tiers, la moitié de ce qui vous reste, je répondrais: prenez-le.

» C'est que je sens en moi la puissance du sacrifice; c'est que mon cœur souffre à voir mourir mes frères de faim, menacés peut-être de maladies terribles, de pestes hideuses, et que je suppose dans autrui la même sensibilité, le même dévouement.

» Il faut donc que les forts viennent au secours des faibles, qu'ils aident à les relever; il y va du salut de tous.

» Je dis donc à ceux qui gouvernent, à ceux qui gouverneront, à l'Assemblée nationale *qui va se réunir :* Frappez-nous, abaissez-nous, relevez les pauvres, et qu'il y ait du pain, des soins pour tous les enfants de Dieu.

» Je sais que les uns donneraient de bonne volonté, inspirés par un noble cœur ; mais d'autres sont égoïstes, ladres, aveugles, et laisseraient volontiers mourir leurs frères de besoin et la patrie se tordre dans l'agonie.

» Il faut donc une loi, une loi rigoureuse et juste, que Jésus eût approuvée, que Jésus eût votée, car on sait comment il conseillait le don, le sacrifice, la générosité.

» Ne pourrait-on pas dire à celui qui possède cent mille francs, et ici je parle par supposition, je propose un chiffre quelconque, qu'on peut baisser ou monter : La représentation nationale, par une loi de salut public, vous impose de 1 franc par mille francs sur tout votre avoir, une fois donné, et pour ne pas y revenir. Pour celui qui possède deux cent mille francs, ce serait deux par mille, et en allant ainsi toujours en montant et progressant, on atteindrait les millions, et des sommes énormes tomberaient dans les coffres de l'Etat. Elles serviraient à notre délivrance, à l'apaisement de la faim, à relever le peuple, à occuper les bras, à produire l'ordre et la concorde dans la nation.

» Cependant, s'il y avait des plaintes, des cris extrêmes, si le sacrifice paraissait une monstruosité, je dirais aux plus hostiles : Calmez-vous, rien de force ici ; ne versez rien si tel est votre bon plaisir ; je vous y autorise ; mais, une observation, et méditez-la : vos biens sont à vous, oui, cependant à une condition essentielle, c'est que l'Etat vous protège, vous maintienne dans votre avoir. S'il retirait la main qui fait votre force, votre droit, votre puissance de possession, un plus fort que vous viendrait, vous jetterait à la porte, prendrait votre lieu et place, serait à son tour propriétaire, et vous, vous iriez tendre la main, ou chercher un travail ingrat qui vous nourrirait tant bien que mal, à la sueur de votre front : vous ne seriez plus qu'un pauvre ballotté par le mauvais sort.

« Voulez-vous être hors la loi, non protégé par elle, à la merci de tous les fripons ? vous êtes libre, mais vous êtes perdu, ou bien venez à notre secours et vous aurez le nôtre ; aidez-nous et nous vous aiderons ; sacrifiez un peu de vos biens à la misère publique, à la rédemption de la patrie, vous conserverez tout le reste en sécurité, et vous vivrez en paix.

» Qui pourrait reculer en un pareil moment ?

» Il peut se faire que celui qui possède ostensiblement des richesses, des biens considérables, soit moins riche qu'on ne le croit. Il peut être endetté, grevé d'hypothèques. En ce cas, si son bien n'est à lui qu'à moitié, le prêteur et l'argent auront leur juste part de charges à supporter, — et ce sera justice.

« Je ne sais s'il ne serait pas urgent, en telle situation, pour faciliter le versement de l'impôt, de créer des bons hypothécaires en noms personnels, reposant sur la propriété, adoptés par la Banque, et qui ainsi ne pourraient rien perdre de leur valeur première.

« Au zélé protestant, à l'ardent catholique qui repousseraient avec horreur ma proposition et m'accableraient de gros mots, je répondrais : inclinez-vous devant Jésus, ou ne dites pas que vous êtes ses vrais disciples. Que dit-il au jeune homme qui vient le consulter sur la perfection ? Ceci :

« Si vous voulez être parfait, allez, et vendez ce que vous avez, et donnez-
» le aux pauvres, et vous aurez un trésor dans le ciel. »

» On le voit, on en sera convaincu, si je suis coupable, je le suis en bonne société, et je ne cesserai de crier bien haut : Riches, gens de cœur, voyez la situation ! Prêtres de toutes les religions, philanthropes dévoués, philosophes, orateurs qui avez de l'autorité, touchez les cœurs, émouvez les âmes, inspirez-nous à tous un saint enthousiasme, un radical dévouement. Si la loi nous impose, ne murmurons pas, allons au-delà de ses prescriptions... ne marchandons pas le bienfait. Un gouffre béant est devant nous : jetez vos dons, jetez une partie de vos richesses, comblez-le, et la misère disparaîtra, et de nouveaux beaux jours luiront pour la France, et nos poitrines se dilateront, et nous serons tous sauvés et tous heureux ! »

Voilà ce que j'écrivais au commencement de février 1871, avant que l'Assemblée ne fut réunie, avant le vote du traité de paix, avant que le Comité central et la Commune eussent donné signe de vie. Je sentais qu'il fallait de généreux efforts, et que la richesse acquise, la fortune réelle fissent preuve de grandeur, de dévouement, de bon vouloir pour relever nos affaires et sauver la patrie.

V

Encore l'Impôt progressif.

Je retourne à la même idée, et je me complette sur un point essentiel en modifiant quelque peu mes premiers chiffres, que d'autres pourront modifier à leur tour.

Un homme possède-t-il vingt-cinq mille francs de biens réels, en argent, maisons ou terre ? Qu'il verse, en outre de ses impôts ordinaires et proportionnels, 1 fr. par mille francs, ce sera un total de 25 fr. Pour celui qui possède cinquante mille francs, mettons 1 fr. 25 c. par mille francs, ce sera 62 fr. 50 cent. au total. Pour 100 mille francs arrivons à 1 fr. 50 c. par mille fr., ce sera 150 fr. Portons à 1 fr. 75 c. par mille fr. le possesseur de 200 mille francs, ce sera 350 francs.

On pourra se récrier à de telles propositions, parce que l'homme est égoïste et trop souvent injuste, mais personne ne serait ruiné, le riche resterait le riche, les foules ne seraient pas écrasées, et la France resterait la grande nation.

Qu'il me soit permis de me mettre un peu en avant. Comme tant d'autres, n'ayant pas quitté Paris pendant nos affreuses calamités, ayant compati aux peines générales, ayant fait un crédit de beaucoup au-dessus de mes moyens, étant chargé d'un lourd loyer et faisant peu ou point d'affaires vu le manque de travail, vu la misère publique, mon cœur souffre et l'inquiétude me gagne. Je ne possède à peu près plus rien, et cependant je suis chargé, comme locataire et chétif négociant, d'un impôt qui dépasse 500 francs. Pourquoi celui qui possède 200 mille francs, un riche, se plaindrait-il si l'on exige de lui, de son superflu, et par extraordinaire, lès deux tiers de ce qu'on exige annuellement de moi, d'un pauvre rudement éprouvé par la situation ? Ce qui écrase celui-ci serait une plume pour celui-là, pourquoi ne veut-il pas la porter ?

Plût à Dieu qu'on eût accepté, le principe étant généralement admis, le quart, la moitié, même le total de mon bien fond, et que, par une bonne impulsion donnée aux affaires, on m'eût permis de conserver mon travail, mon commerce ! maintenant je serai sauvé, et je ne le suis pas. Combien d'hommes dans la même situation.

J'ai lu récemment dans un journal bien pensant, très religieux, que ceux qui demandent l'impôt progressif sont des socialistes. Je suis donc un socialiste ; mais beaucoup moins que Jésus. Aussi Jésus est-il négligé par les siens. On va en pèlerinage à Lourdes, à la Salette, en cent autres lieux consacrés à la Vierge ; la Vierge est tout : elle reçoit tous les hommages, toutes les adorations. C'est qu'elle n'a pas de théories politiques ou sociales : elle n'a rien dit, rien écrit, et le chercheur le plus intrépide ne trouvera pas un mot d'elle, dans les quatre *évangélistes*, sur la morale et la religion ; mais son Fils ! son Fils ! il pousse loin... Aussi ne veut-on voir que son cœur matérialisé, enluminé, saignant, pas trop son grand esprit et ses nobles idées. Raison de plus pour m'appuyer un moment sur le Christ, sur le Dieu des Chrétiens, qu'on pratique fort peu. Ecoutons-le parler :

« Ne vous faites pas des trésors dans la terre, où la rouille et les vers les mangent, et où les voleurs les déterrent et les dérobent, mais faites-vous des trésors dans le ciel. Car où est votre trésor, là est aussi votre cœur.

» Nul ne peut servir deux maîtres ; vous ne pouvez servir Dieu et les richesses.

» Vous savez que ceux qui sont regardés comme les maîtres des peuples les dominent, et que leurs princes les traitent avec empire. Il n'en doit pas être de même parmi vous ; mais si quelqu'un veut y devenir le plus grand, il faut qu'il soit prêt à vous servir ; et quiconque veut être le premier d'entre vous doit être le serviteur de tous.

» Pourquoi m'appelez-vous Seigneur ! Seigneur ! tandis que vous ne faites pas ce que je dis.

» Les scribes et les pharisiens sont assis sur la chaire de Moïse. Observez ce qu'ils vous disent ; mais ne faites pas ce qu'ils font. Ils lient des fardeaux pesants et insupportables, et les mettent sur les épaules des hommes ; et ils ne voudraient pas les remuer du bout du doigt.

» Faites comme vous voulez qu'il vous soit fait, ne faites pas ce que vous ne voulez pas qu'on vous fasse. »

Voici un joli récit que je puise dans l'*Evangile* selon saint Marc. Il s'agit de Jésus :

« Comme il sortait pour se mettre en chemin, un jeune homme accourut ; et se mettant à genoux devant lui, lui dit : Bon maître, que dois-je faire pour acquérir la vie éternelle ?

« Pourquoi m'appelez-vous bon ? Il n'y a que Dieu seul qui soit bon.

» Vous savez les *Commandements :* Vous ne commettrez point d'adultère, vous ne tuerez point ; vous ne déroberez point ; vous ne porterez point de faux témoignage ; vous ne ferez tort à personne ; honorez votre père et votre mère, et aimez votre prochain comme vous-même.

« Il lui répondit : Maître, j'ai observé toutes ces choses dès ma jeunesse.

» Et Jésus, jetant les yeux sur lui, l'aima, et lui dit : Il vous manque encore quelque chose : Allez, vendez tout ce que vous avez, donnez-le aux pauvres, et vous aurez un trésor dans le ciel ; puis, venez, et me suivez.

» Mais cet homme, affligé de ces paroles, s'en alla triste, parce qu'il avait de grands biens.

» Alors Jésus regardant autour de lui, dit à ses disciples : Qu'il est difficile que ceux qui ont des richesses entrent dans le royaume de Dieu !

» Et comme ses disciples étaient tout étonnés de ce discours, Jésus ajouta: Mes enfants, qu'il est difficile que ceux qui mettent leur confiance dans les richesses entrent dans le royaume de Dieu ! Il est plus facile à un chameau de passer par le trou d'une aiguille. »

Il serait à souhaiter que l'on fit un peu moins de pélerinages, de manifestations tumultueuses, et que l'on pratiquât davantage la doctrine du Christ ; les habitants de la terre seraient bien moins divisés et bien plus heureux que nous ne les voyons.

Quant à l'impôt progressif que j'ai proposé depuis longtemps, avant que la Commune ne vint, avant nos luttes fratricides, je persiste à croire que c'était le bon ; qu'il n'eut pas écrasé le riche, qu'il n'eut pas desservi le travail, le commerce, les pauvres ; qu'il nous eut préservé de bien des maux ; que la France se fut promptement relevée, et que maintenant, ceux d'en haut, ceux d'en bas, nous serions tous également sauvés.

S'il plaît à quelqu'un de me gronder, qu'il s'en prenne d'abord au Christ, à notre Maître, à Dieu lui-même.

VI

L'Impôt proportionnel.

On ne veut pas de l'impôt progressif, même dans un temps de crise et de grandes misères chez les travailleurs ; mais veut-on au moins de l'impôt vraiment proportionnel ? Il faut l'espérer.

Présentons ici quelques observations :

Je suis pauvre ; j'habite Paris, et pour chaque litre de vin que je consomme je verse à l'octroi 25 centimes. Si je bois un litre par jour, 365 litres par an, l'Etat et la Ville prélèvent sur moi, pour une seule nature de consommation, un impôt de 91 fr. 25.

Je suis riche ; j'habite dans la banlieue, Saint-Mandé, Charenton ou Vincennes, une belle campagne, un château. Je fais entrer une pièce de vin (225 litres) sur ma commune et dans ma cave. Supposons, au pis aller, que j'ai 11 fr. 25 cent. de frais de régie, cinq centimes par litre à payer. Si je consomme 365 litres dans mon année, à cinq centimes par litre, ma part d'impôt à cet égard sera de 18 fr. 25 cent., cinq fois moindre que celle du pauvre habitant de Paris.

D'une part 18 fr. 25 cent., d'autre part 91 fr. 25 cent., et voilà ce qu'on appelle l'impôt proportionnel ! Et si je voulais toucher à la question des qualités, de la valeur, du prix des marchandises, c'est là que nous serions loin de la proportionnalité ! Les grands vins du Bordelais, de la Bourgogne, de 1500 fr., de 3000 fr. la pièce, ne payant pas plus que les petits Montpelliers, qui n'en valent pas cent ! Je ne veux pas amplifier, au contraire, passons donc.

Mais à Charenton, Saint-Mandé, Vincennes, dont je viens de parler, comme dans tout le reste de la France, l'exercice n'a pas lieu chez le particulier ayant son vin en cave ; l'octroi payé, il ne doit plus rien ; en est-il ainsi du marchand de vin des mêmes localités ? Non ; l'exercice prélève là, au moins, 10 c. par litre, 10 fr. par hectolitre, que le débitant rejette, avec raison, sur ses clients. Et quels sont en général ses clients, quels sont ceux qui prennent chez lui litre à litre pour consommer sur place ou dans leurs ménages ? Des ouvriers, des cultivateurs ; et voilà encore le pauvre payant un impôt dont le riche est complètement exempté. Est-ce juste ?

Dans d'autres temps, quand le travail va bien, quand les bras sont demandés, si quelques objets de consommation renchérissent, le travailleur peut réclamer, faire augmenter le salaire, et alors il peut vivre ; mais si le travail manque, si l'on a épuisé ses ressources, si tout est cher, si l'on est sans crédit, et si tout renchérit d'un seul coup et en même temps, que devenir ? J'invoque ici la question d'humanité.

Si l'on ne veut pas en venir à des impôts extraordinaires et progressifs ; si le riche ne veut rien donner de son superflu, si le fort ne veut pas prendre, de la charge générale, tout ce qu'il pourrait porter sans se blesser, il faut au moins en venir à l'impôt proportionnel vrai et ne pas écraser les faibles.

Parlons encore du vin.

Au lieu d'exercer le marchand de vin, de le charger d'une bien lourde patente qu'il est encore forcé de faire supporter à autrui ; au lieu d'avoir tant et tant d'employés de régie, ne pourrait-on pas imposer la marchandise chez ceux qui la récoltent. Ne pourrait-on pas imposer le vin chez le vigneron ?

Peu de temps après la vendange, des délégués des conseils municipaux, joints à des délégués des préfectures et sous-préfectures, bien choisis, visiteraient caves, celliers, magasins, prendraient note de tout ce qu'ils renferment, et les murs des communes recevraient des affiches détaillées faisant connaître à tous l'inventaire général, le nombre d'hectolitres récoltés par chacun et par tous. Cet affichage est de toute nécessité ; il imposera l'exactitude dans les déclarations, dans les constatations, et la surveillance publique fera justice du fraudeur qui voudrait se décharger de sa part de fardeaux sur ceux mêmes qui s'exécutent avec loyauté.

Si c'est un centime par litre, c'est un franc par hectolitre, cent francs pour cent hectolitres ; si c'est deux centimes, la somme double. Si on allait jusqu'à cinq centimes ce serait cinq cents francs pour cent hectolitres.

L'impôt serait payé au fur et à mesure de la vente ou de la consommation, en tenant compte des vidanges qui se produisent et des ouillages qui doivent les combler.

Le vin étant vendu en conséquence, l'impôt tomberait sur tous, pas un seul individu n'en serait exempté, pas même le producteur, ce qui serait justice ; le vin circulerait librement, et bien des économies seraient réalisées dans notre administration. L'Etat laisserait aux communes la part que des principes d'équité auraient déterminés et réglés par avance.

Ce que je propose pour le vin ne pourrait-il pas s'appliquer à d'autres produits ? C'est à examiner.

Qu'il y a de réformes à faire ! Combien d'inégalité, combien d'injustice parmi les hommes ! Qu'ils sont loin de se traiter en frères.

Tirer tout d'en bas, ne point laisser d'argent en bas, est-ce prudent, est-ce intelligent ? N'est-ce pas la plus horrible des folies ? N'oublions pas l'ouvrier, n'oublions pas le salaire.

Le travail doit nourir le travailleur ; même celui qui ne travaille pas. Voici un fragment d'un vieux discours sur les heures de travail, qu'on peut lire au *Moniteur universel*, numéro du 9 septembre 1848 :

« Si l'ouvrier reçoit un salaire équitable, s'il touche un argent qu'il a gagné à la sueur de son front, cet argent, il ne le cache pas dans la terre, il le dépense ; il se nourrit alors un peu mieux, il se vêt, il se meuble, il se procure des livres, il envoie ses enfants à l'école, il leur donne les soins qu'ils méritent. L'argent gagné et dépensé par les ouvriers fait travailler les aubergistes, les tailleurs, les cordonniers, les chapeliers, les fabricants de meubles, les marchands de toiles et d'étoffes, les instituteurs, les imprimeurs, les libraires, les boutiquiers de toutes sortes. Ceux-ci se font encore travailler les uns les autres, font travailler d'autres travailleurs. Toutes les industries, toutes les sciences, tous les arts en profitent, et je n'excepte ni les théâtres ni les autres lieux de divertissement. Comme chacun mange et boit, le cultivateur vend ses denrées pour se procurer ensuite les produits des villes qui consomment les siens. Chacun paye alors son loyer ou son fermage, l'État perçoit les impôts directs et indirects, riches et pauvres s'en trouvent bien, et la vie circule dans la société. Mais si l'ouvrier ne touche pas le salaire auquel il a droit, s'il se ruine en travaillant, s'il ne peut consommer et vivre, sa souffrance fait naître d'autres souffrances, la haine naît dans la société, et les révolutions éclatent. C'est Dieu qui le veut ainsi pour punir les hommes de leur égoïsme, de leur iniquité, et les rappeler au devoir qu'ils avaient oublié. »

Ce que je disais en 1848, on peut le répéter aujourd'hui avec plus de force, car la situation est cent fois pire.

Pour nous relever, les questions d'impôts ont une immense importance ; cependant elles ne sont pas tout ; il faut autre chose. Ce qu'il faut, c'est de la bonne politique, qui ne peut exister en dehors d'une bonne morale ; c'est nous parler à cœur ouvert, c'est ne pas menacer les droits des foules, du nombre ; c'est nous inspirer confiance, et on ne le fait pas.

VII

Les Classes dirigeantes.

Que manque-t-il aux hommes le plus souvent ? La sagesse, la perspicacité, la bonne volonté. Nous avons des étourdis dans la démocratie, même des cupides, des méchants qui, sous prétexte de servir le pays, ne pensent qu'à se servir eux-mêmes, salissent notre drapeau, compromettent notre cause, et qu'on a vu passer en divers temps, avec une rare effronterie, du rouge écarlate au blanc de neige. Il me serait facile d'en citer un grand nombre. J'avoue nos défauts, nos torts, nos infirmités ; mais les personnages qui se disent les seuls honnêtes gens, les classes dirigeantes, et parmi lesquels se trouvent nos déserteurs, valent-ils mieux ?

Ceux qui suivirent Alexandre de Macédoine en Perse, aux Indes, à Babylone, et qui, après la mort de leur chef, se partagèrent les royaumes, se mirent en guerre les uns contre les autres, firent couler des flots de sang et détruisirent la liberté de la Grèce, étaient certainement le plus beau produit des classes dirigeantes. — A Rome, les Marius, les Sylla, les Pompée, les César, les Marc-Antoine, tout ce qui contribua par ambition, par égoïsme, à la chute de la République, vint ensuite s'applatir devant les Tibère, les Néron, les Caligula, une succession d'empereurs parmi lesquels se trouvaient de vrais monstres, étaient encore ce qu'il y avait de plus grand et de plus beau dans les classes dirigeantes. — Si nous avons eu de grandes guerres, des discordes civiles et religieuses, la Saint-Barthélemy, la fronde, les dragonades, d'horribles catastrophes, qui faut-il en accuser si ce ne sont les classes dirigeantes ? — Et en Pologne ! qui soutenait Auguste ? qui soutenait Stanislas ? qui intriguait auprès de la Russie, auprès de la Suède, ou de toute autre nation ? qui troublait le pays ? qui le jetait dans l'anarchie, la décomposition et amena enfin son partage et sa ruine ? Les hautes classes, les classes dirigeantes. — D'où viennent les révolutions et contre-révolutions d'Angleterre, l'exécution de plusieurs de ses rois, de plusieurs de ses grands citoyens ? Des classes dirigeantes. — Pourquoi les Espagnols s'égorgent-ils les uns les autres ? D'où viennent toutes leurs discordes, toutes leurs misères, la ruine de leur beau pays ? Des classes dirigeantes. — Et dans notre patrie, quels sont ceux qui, par esprit de réaction, détachèrent le peuple de la République de 1848, le poussèrent inconsidérément vers le bonapartisme, et qui, après le coup d'Etat coururent aux fonctions, aux emplois, aux servitudes, aux candidatures officielles, peuplèrent le Corps législatif, le Sénat, la Cour, applaudirent à tous les caprices du maître, battirent des mains à la déclaration de guerre, et ont enfin jeté la France dans la plus terrible des situations ? Les classes dirigeantes. — Et maintenant, voilà nos classes dirigeantes, toujours aussi sensées, aussi vertueuses, se coalisant, et poussant, à l'unisson, ce cri : à bas la République ; et puis se divisant, formant trois groupes hostiles, ennemis, agissant chacun pour soi, et criant avec non moins d'ardeur, l'un : Vive Henri V ; l'autre : Vive Napoléon IV ; le troisième : Vive d'Orléans. Quel bel accord ! Quelle belle direction ! Et ce n'est là que le prélude : Si l'objet de leur haine folle, la République, venait à disparaître, ils se chargeraient à outrance et la France tomberaient dans la plus affreuse anarchie.

Ils nous ouvrent trois routes conduisant également aux abîmes ; ils appellent le peuple à eux ; chacun veut le pousser dans la voie qui est la sienne. Mais le peuple regarde, voit le danger, tourne le dos, et va d'un autre côté. Nous en sommes là, et sa misère s'étend, et l'esprit s'atrophie, et le doute s'accroît. Qu'allons-nous devenir ?

Voilà l'action des classes dirigeantes, amies des priviléges, des titres, des faveurs, de l'inégalité, des droits pour elles seules, et néant pour la masse du peuple. Nous devons mieux aux Républiques relativement à l'art, à la science, au travail, au commerce, au caractère, aux lois, aux principes de justice qui forment et grandissent les hommes !... Athènes ! Rome ! Florence ! que de lumières nous vous devons ! Mais ce n'est pas ici le lieu d'établir des comparaisons et de fournir des preuves ; je les ai produites ailleurs.

Enfin grâce aux classes dirigeantes, et sans doute aussi un peu par nos fautes, nous voilà dans une véritable tour de Babel, dans la confusion des langues, dans la confusion des faits, dans les contradictions de toutes les sortes, et où nous allons, et ce ce que nous deviendrons, personne ne le sait.

En ce moment je me déclare aveugle; le gâchis où nous sommes met fin à toutes mes prévisions. Je marche dans la nuit, dans les ténèbres; et pourtant j'étais très lucide dans d'autres temps et sous d'autres directions.

VIII

Marche suivie et marche à suivre.

Oui, j'étais lucide, je voyais très clair.

Je n'aurais pas voulu de nos expéditions lointaines, divisant, éparpillant nos forces, ruinant nos finances, et surtout celle du Mexique, expédition ne nous servant pas auprès des monarchies, et nous brouillant avec toutes les Républiques du Nouveau-Monde. Je me suis intéressé à la Pologne; je n'aurais pas voulu laisser démembrer, spolier le Danemark; je n'aurais pas voulu abandonner les peuples faibles à la rapacité des peuples puissants. Je redoutais l'Allemagne, je l'avais vue chez elle et je savais ce qu'elle pouvait. Il fallait nous créer des amis, des alliés, et nous faisions tout le contraire. Je n'aurais pas voulu de nos deux expéditions romaines, celle de 1849 étant une insulte à notre constitution, à tous nos principes; celle de 1867 nous brouillant avec l'Italie, nous enlevant notre dernier allié. Et en effet, que disait-on du haut de la tribune française à cette nation amie, et cela aux applaudissements de la majorité du Corps législatif: « Vous n'aurez pas Rome; non, jamais! jamais! jamais! » Donc, si la France triomphe dans la guerre qu'elle a entreprise, Rome est fermée à tout jamais aux Italiens, dans le cas contraire, Rome leur est immédiatement ouverte et ils sont maîtres chez eux.

Pouvaient-ils, en telle situation, souhaiter nos succès et y participer d'une façon quelconque? Impossible; c'eût été folie de leur part. Je n'aurais pas voulu l'invasion de l'Eglise dans la politique, et, dès 1867, sous notre trop clérical empire, plongeant dans l'avenir, j'entrevoyais dans le lointain la croisade noire qui s'organisait, aujourd'hui en action, et j'écrivais ceci:

« Et si, étendant ses vues au loin, le Saint-Père entreprend la plus vaste des réactions! S'il fait la guerre au progrès, à nos institutions démocratiques, à la liberté de conscience, à la tolérance religieuse; si l'ancien régime est son idéal, son amour, sa passion; s'il veut nous y ramener, s'il ne voit de bon gouvernement que le gouvernement despotique; s'il croit que les peuples sont des troupeaux, qu'ils doivent vivre éternellement sans droits, sans initiative, sans discernement; s'il l'enseigne à tous les prélats, à tous les prêtres du monde et ceux-ci à leurs fidèles; si des masses d'hommes, peu éclairés, se passionnent, se groupent à leurs voix, formant, frémissante, l'armée de l'ancien régime, des vieilles théories, des abus de toutes les sortes, des ténèbres ici-bas, prête à obéir à tout commandement; ne voilà-t-il pas une belle perspective? Ne serait-ce pas le fanatisme en présence de la raison et prêt à fondre sur elle? » (Voir *Religion et Fanatisme*, page 23)

Voilà ce que j'entrevoyais sept ans à l'avance; et si Henri V devenait roi, rien ne manquerait à mon sombre tableau, car le sang coulerait en France et dans bien d'autres nations. J'ajoutais :

« Est-ce en protégeant ce qui nous menace sans cesse que nous aurons l'ordre et la paix sur la terre?

» Que faire pour briser ce terrible faisceau, ce foyer de trouble dans le monde? Laisser crouler le pouvoir temporel du Pape, agir sur le salaire du clergé; leur apprendre que le peuple est tout et qu'il faut compter avec lui ; que le temps passé est bien passé, et qu'il ne reviendra plus.

« L'avenir du monde n'est pas dans le fanatisme, n'est pas dans le despotisme, il est dans la raison, dans la justice, dans la liberté ; aimons donc ce qui doit nous sauver tous. » (Voir *Religion et Fanatisme*, page 24.)

A propos du Concile œcuménique de Rome, j'ai redoublé mes avertissements, annoncé les troubles futurs et les transformations qui en sont, qui en seront la conséquence; je persévère dans les mêmes idées, dans la même croyance.

Quand M. Emile Ollivier, l'étourdi, étant encore dans l'opposition, comptant parmi les CINQ, se mit à prôner le désarmement de la France en présence de la formidable organisation de la Prusse, je ne fus pas de son avis, et je ne manquai pas de l'écrire. Quand le même homme, devenu ministre de Bonaparte, partit en guerre sans cause réelle, sans préparatif d'aucune sorte, d'un cœur léger, brandissant son grand sabre d'enfant, mon effroi fut extrême. Cependant, la lutte commencée, j'excitai le patriotisme, je poussai à l'action. Je voulais le triomphe de nos armes, même au risque de rendre tout puissant l'auteur du coup d'état, que je ne portais pas dans mon cœur... Le pays avant tout! même quand il a tort... C'est égoïste, mais c'est ainsi.

Nos troupes dispersées, Paris sans pain, la France vaincue, j'ai prêché la résignation, et en même temps la liberté, car c'est elle qui fait les hommes intelligents et les peuples puissants.

Les vingt-six élections de M. Thiers dans vingt-six de nos départements furent loin de me déplaire. J'avais suivi en pensée cet homme dans ces derniers temps, et j'espérais beaucoup en lui.

Quant à l'assemblée qui venait de se réunir à Bordeaux, dont nous connaissions déjà les éléments bien que nous fussions prisonniers dans notre capitale encore bloquée, j'en raisonnai, par demandes et par réponses, dans un article de journal du 23 février 1871, reproduit peu après dans ma brochure *Comment constituer la République*, page 55, de la façon que voici:

« A-t-on pu parler aux électeurs de la paix et de la guerre? de la situation réelle où nous sommes? de ce que nous avons à faire, de ce que nous devous constituer ? Nullement ! Nous avons fait une élection comme enveloppés dans une nuée bien noire. Enfin voilà une assemblée dont les deux tiers sont monarchistes ; que pourront-ils faire ? une monarchie.

« — Je ne suis pas de votre avis. Ils ne le peuvent pas. Qu'ils fassent un roi, ce roi aura contre lui deux prétendants, et les républicains s'appuyant sur presque toutes les villes ; sa position ne serait pas tenable, il croulerait. Quelque dynastie que l'on restaure, elle aura toujours trois partis contre elle, plus la situation terrible qui nous est faite par les malheurs de la guerre... Pourrait-elle résister? Impossible, et avant six mois, ce serait encore une révolution.

« Le bon sens parlera à l'Assemblée nationale, et elle comprendra qu'en dehors de la République tout est perdu, que nous n'avons plus d'avenir, que nous sommes ruinés, écrasés, abattus sans ressources, sans espoir de nous relever.

« — Mais cette République aura pour chefs des réactionnaires.

« — Soit ! prenez-la tout de même. Ainsi, suffrage universel, liberté de la presse, de réunion, l'Assemblée sortie de l'élection nommant le chef du pouvoir exécutif ou président de la République, celui-ci ses ministres ; la France s'appelant la République Française ; c'est assez pour vaincre, et nous vaincrons.

« — Mais nous n'aurons point de réformes, mais ce sera presque une monarchie.

« — Ne craignons rien ; vivons dans la modération, dans l'amour de notre patrie : Nous avons la plume, nous avons des voix, usons de la liberté, adressons-nous au peuple, éclairons-le, touchons son cœur, touchons son âme, faisons-lui comprendre nos théories, nos principes sauveurs, si simples et si grands, et le peuple voudra ce que nous voulons, et sera républicain.

« Pourquoi ne l'était-il pas ? Parce que trop souvent nous nous sommes divisés, parce que nous avons combattu les uns contre les autres, parce qu'on a émis des théories exorbitantes, impraticables, qui l'ont fait frissonner, reculer d'effroi, mais restons dans le juste, dans le possible, dans ce qui est pratique ; écartons toute colère, tout fiel, toute haine bien loin de nous ; parlons-lui avec amour, comme de vrais apôtres, il battra des mains et nous dira : « Je suis avec vous. » et dans quelques mois il nous donnera une autre assemblée, et celle-là vraiment républicaine.

« C'est aujourd'hui le grand jour, donnons-nous tous la main, vivons tous en frères, et relevons notre patrie qui pleure et sanglotte, accablée par ses malheurs. Amis, embrassons-nous tous, et ne nous séparons pas. »

Non, je ne croyais pas qu'il fût possible de faire une monarchie. D'autre part je repoussais les théories étranges, les organisations contre nature, les emportements, les violences qui nous ont toujours desservis. Je voulais des apôtres, et nous en comptions trop peu.

Ce que j'avais tant redouté arriva.

Voilà les scènes sanglantes de la Bastille, du bord de la Seine ; voilà le Comité central, voilà la Commune, qui gouverne Paris, qui veut gouverner la France, ce qui était un travers et un grand désastre pour la cause démocratique ; car que pouvait-elle, cette Commune, même en triomphant de Versailles, contre les Prussiens ? absolument rien.

Je donnais des avertissements, je faisais des appels aux Parisiens aux risques de leur déplaire et d'avoir à souffrir de mon trop de sincérité. Voici un fragment de l'un de mes articles :

« Comité-directeur transformé en gouvernement, Parisiens qui l'avez suivi jusqu'ici, daignez réfléchir : Pouvez-vous vaincre la France et la soumettre à votre volonté ? Pouvez-vous chasser les Prussiens et nous donner l'indépendance ? Vous accepteront-ils comme les garants du traité de paix ? Pouvez-vous vivre retranchés derrière vos murailles et séparés du reste du monde ? Si vous consultiez la France, auriez-vous de votre côté l'opinion publique et pourriez-vous constituer un gouvernement avec son appui, avec son concours ? Non, non, non, toutes ces choses vous ne les pouvez pas. Donc, cette levée de boucliers, cette victoire si l'on veut, n'a pas d'objet, n'a pas de but, n'a pas d'avenir et ne peut amener que ruines et malheurs. »

(Voir *Despotisme et Liberté*, page 25).

Parler ainsi dans des temps d'égarements, que c'est dangereux ! Quelques-uns me montraient du doigt ; j'avais, disait-on, retourné ma veste ; je n'étais plus qu'un traître pour de certains hommes en délire. Des amis m'avertissaient que je m'exposais grandement. Cependant je n'eus à subir que les critiques et les railleries du *Vengeur* ; ce fut tout. J'avais accompli un devoir, dont les courtisans des rois et des foules ne pouvaient être jaloux. Aussi, pas trop de concurrents... et bien des blâmes à propos de mes hardiesses ! Mais qu'y faire ? Ma conscience commande, et quand elle a parlé, je ne puis pas ne pas obéir.

La Commune décédée, j'aurais voulu moins de sang, moins de rigueur, même un grand pardon pour les simples égarés, et ils étaient le grand nombre ; d'autre part, je ne fus pas sans crainte sur le sort de la République, sur l'avenir de la France. Le 10 juin 1871, le cœur navré, j'écrivis une longue lettre d'épanchement à mon ami Monier, à Avignon, que je terminais par les paroles que voici :

« Faites des conférences partout, répandez les bons livres, engagez aux bonnes lectures, ne craignez pas quelques frais nécessaires pour agiter et bonifier, pour faire comprendre nos principes et pour les faire aimer. Mais point de violence, restons dans la légalité, marchons avec le drapeau de la loi, et avançons toujours ; progressons et conquérons enfin par notre sagesse toutes les améliorations dont nous avons besoin.

« La République a bien souffert, et cependant, que faire sans elle ? qu'attendre d'une monarchie quelconque ?

« C'est ici qu'il faut éclairer les populations ; leur montrer le présent si lourd, l'avenir si sombre, si menaçant si nous sommes faibles. Descendons au fond de nos consciences ; oublions les questions personnelles, les préventions que rien ne justifie, les engouements non raisonnés, et soyons graves ; ne voyons tous que la patrie, que le salut de la France.

« Il y a trois prétendants, trois candidats en présence ; chacun veut être roi ou empereur. Lequel pourrait attirer à lui le cœur du peuple ? Lequel pourrait nous donner les réformes, les économies dont nous avons besoin? Lequel pourrait nous donner la force et la grandeur et relever notre pays? Aucun.

« Se jeter dans les bras de l'un de ces prétendants, c'est se jeter dans la ruine et dans la mort.

« On nous dit que les princes d'Orléans se rallient à Henri V, à l'ancien régime. Si cela est, ils sont effacés ; leur parti ne les suivra pas ; n'en parlons plus.

« Mais Henri V roi ! l'ancien régime en France ! tous les anciens abus renaissant ! c'est impossible ! ce serait la guerre civile partout, principalement dans le Midi, les assassinats, un contre-sens terrible. Notre pays ne le souffrira pas.

« En présence de Henri V et d'un régime qui n'est plus de notre temps, se dresserait le bonapartisme, qui viendrait nous parler progrès, liberté, patrie, réformes, régime nouveau, confesserait quelques-unes de ses erreurs, tromperait, abuserait, exciterait contre ce qui serait déjà l'objet de notre haine, et, j'en ai la certitude, le bourbonnisme et le cléricanisme tomberaient sous ses coups.

« Et ensuite pour arriver à quoi? A d'autres révolutions, à d'autres catastrophes, au néant peut-être. La perspective est effrayante.

« Voulons-nous garder la Savoie et Nice? Voulons-nous que l'Algérie ne nous échappe pas? Voulons-nous que l'Alsace et la Lorraine nous reviennent? Voulons-nous que le travail, que le commerce renaissent, que notre crédit s'étende sans fin? Voulons-nous avoir l'estime, la sympathie, l'amitié de tous les peuples, et devenir comme nation, plus grands que jamais? Gardons le gouvernement de tous et par tous.

« Bourgeois intelligents, orléanistes de bon sens, qui aimez la liberté ; légitimistes qui préferez votre patrie au triomphe d'une seule famille, soyez avec nous, instituons la République.

« Républicains trop hâtés, trop ardents, voyez l'état cruel où nous sommes, et crions tous ensemble : modération ! modération !

« Artisans, paysans, fabricants, marchands, peuple, réfléchissez, voyez le danger, c'est l'instant suprême, c'est la vie ou c'est la mort. Nous n'avons plus qu'une seule voie de salut, c'est le maintien de la République. » (Voir *Patriotisme et Modération*, page 60.)

Qu'on le remarque, je ne croyais pas à la puissance des prétendants. Les d'Orléans faisant leur soumission à Henri V ne pouvaient entraîner que quelques chefs, et non le gros d'un parti. C'était s'annuler. Henri V était une impossibilité ; et même élevé au trône par une surprise, par une violence, ce n'était qu'un règne de quelques mois au milieu des tempêtes. Les bonapartistes, appuyés par d'autres, auraient promptement jeté bas ce roi de droit divin, ce soutien du *Syllabus*, cet ennemi de la fraternité entre tous les hommes, pour crouler eux-mêmes très-peu de temps après.

Qu'on se souvienne de la fin du premier empire, de la fin du second. Trois invasions ! N'est-ce pas assez de calamités? Voudrait-on tenter une troisième expérience? Veut-on que la France soit complètement brisée et ne se relève plus?

Je dis aujourd'hui comme il y a trois ans : Il n'y a de possible que l'Empire ou la République ; l'un, c'est la mort ; l'autre, c'est la vie. Qu'on réfléchisse !

Royalistes, non, point de monarchie possible ; aucune ne peut prendre racine dans notre sol ; calmez-vous ; soyons citoyens, et ne voyons que la patrie.

Que j'ai déploré, en de si graves circonstances, d'être si pauvre, si obscur, si peu influent, de ne pouvoir infiltrer dans tous les cœurs mes profondes convictions, de ne pouvoir empêcher le mal, de ne pouvoir réaliser le bien. Je l'ai tenté néanmoins ; le devoir est accompli, et je continue à souffrir des souffrances de la patrie.

IX

Le Septennat.

Comme l'on fait fi du bon sens ! Que l'humanité est peu de chose auprès des intérêts personnels ! Que d'esprit dépensé en pure perte ! Comme on a intrigué, cabalé, conspiré depuis deux ans et plus ! Et pour arriver à quoi ? Où donc est-elle cette royauté qu'on voulait introniser ?

Ne pouvant faire une monarchie, on a fait un SEPTENNAT. — Septennat ? — Oui, comprenez-vous ? — Non. — C'est un mot nouveau, absent du vocabulaire, absent de la langue politique. Jamais aucun gouvernement ne fut baptisé de ce nom. La durée d'une présidence n'est pas la forme, n'est pas le fond d'un gouvernement quelconque. Autrefois, dans une région de la vieille Grèce, bien avant Solon, les archontes étaient élus pour dix ans. C'était donc là un décanat ? Non, c'était la République d'Athènes. De nos jours, sur un certain point du Nouveau-Monde, on élit un président pour cinq ans. C'est donc là un quinquennat ? Non, c'est la République des États-Unis d'Amérique. Chez les vieux Romains, les deux consuls, chefs du pouvoir exécutif, étaient élus pour une année seulement. Quel nom donnerons-nous à la grande République romaine ? Faut-il l'appeler un *annenat* ? Ce serait comique.

Nous voulons nous distinguer et nous nous distinguons en effet. Nous avons élu pour sept ans un président de la République ; il s'est donné des ministres qui s'appellent ministres de la République, et nous avons un septennat et point de République. Voilà ce qu'affirment les royalistes. Nous avons un septennat et rien qu'un septennat. Ne faut-il pas être les classes qui se prétendent dirigeantes pour jeter de telles clartés dans la politique et nous donner d'aussi savantes définitions ! Serions-nous les Grecs du Bas-Empire ? Serions-nous les intrigants qui perdirent la Pologne ?

J'ai ri un moment, bien que je sois fort triste, et cela pour faire réfléchir et rendre sérieux, s'il est possible, ceux qui ne le sont pas. Qu'on me le pardonne donc.

Les ministres de la République ne sont pas les amis des républicains, des principes républicains. Préfets républicains, maires républicains, employés républicains, tout cela est fort mal noté et fort mal mené. La balance n'est pas tenue égale entre tous les partis. Cercles royalistes, soyez en paix; cercles républicains, prenez garde. Journaux royalistes, impérialistes, promenez-vous tranquillement dans les rues, étalez-vous sans crainte à tous les carrefours et sur toutes les places; journaux républicains, tremblez, non devant la loi, mais devant l'antipathie des ministres et des préfets. La Cour de cassation est bien un peu pour vous, mais néanmoins, redoutez les mauvais vouloirs.

Voilà les élus, les députés du peuple, les représentants du suffrage universel, qui menacent celui qui les a faits ce qu'ils sont, celui dont ils ont reçu mandat, fonctions. Ce suffrage, ils veulent l'amoindrir, l'emputer, lui enlever une partie de sa force, de son autorité, enfin toute sa vérité, toute sa sainteté ; des masses, du nombre on en fait peu de cas. N'est-ce pas le commis, l'ouvrier qui veut régenter son patron, le dominer, le mettre à la porte ?

Nous sommes la France, la nation de 1789; la nation philosophique, généreuse, républicaine, émancipatrice, qui a eu de grands moments, et puis des faiblesses, des défaillances, et maintenant on voudrait nous donner un roi ancien régime, d'une tolérance comme il n'en fût jamais; on voudrait nous inféoder au Pape, au *Syllabus*, aux jésuites; nous engager sans doute dans des guerres de religions contre les nations libérales qui suivent notre vieil exemple et font ce que nous avons fait jadis. Un tel plan peut-il réussir ? Jamais, et pourtant, voilà ce qui nous inquiète et nous trouble et nous ruine.

Ne pouvant établir la monarchie, l'accord manquant entre les monarchistes, le peuple la repoussant avec horreur, que reste-t-il à faire ? Le bon sens le dit : il nous faut un gouvernement qui ait un nom, qui ne puisse plus être contesté, qui inspire confiance à la France et au monde; il en est plus que temps.

X

La République.

M. Thiers a dit naïvement et bravement à l'Assemblée nationale : Je suis royaliste; j'aurais voulu une royauté comme en Angleterre : un roi qui règne et ne gouverne pas, qui prend ses ministres dans la majorité de l'assemblée représentative, à droite ou à gauche, quelle que soit l'opinion dominante, de sorte que ce soit le pays qui se gouverne lui-même. Mais nous avons trois prétendants, trois dynasties en présence, et nous n'avons pas trois trônes à leur offrir. Et puis le peuple n'a plus la même vénération pour ses princes. Ne pouvant faire la monarchie, instituons la République, proclamons un gouvernement définitif, et relevons la France.

N'avait-il pas raison ce royaliste honnête homme ? Il n'a pas voulu violenter l'esprit public, tenter l'impossible; il a pris au sérieux le titre, la fonction, le dépôt qu'il avait reçu de l'Assemblée nationale; il s'est résigné à la République, il s'y est attaché peu à peu et de jour en jour; il a voulu qu'elle devint gouvernement définitif. C'était le bon sens, c'était la sagesse qui parlaient en lui, qui agissaient en lui, et nous devons le glorifier.

Et maintenant, ses successeurs au pouvoir voudront-ils continuer leur lutte contre le courant du siècle, contre les inclinations, les idées de la France ? Voudront-ils, bon gré, mal gré, la faire reculer, la dompter, la forcer à se soumettre, à se rendre à merci par misère, par famine, n'importe comment ? Que serait-ce donc qu'un tel pays ? Où puiserait-il sa force, son énergie, ses inspirations, son expansion, son influence sur le monde ? Il ne pourrait plus se relever; il serait un objet de pitié, peut-être de moquerie, et si un jour il était attaqué, il ne saurait se défendre. Rien n'est grand sans la liberté, en dehors d'elle on voit des troupeaux à figures humaines, et jamais un grand peuple.

Qu'on ne perde pas de vue notre cruelle situation, et qu'il me soit permis d'y toucher encore, de me résumer, au risque de me répéter quelque peu :

Plus de travail, plus d'industrie, plus de commerce, et nous souffrons depuis quatre ans. Nos économies, nos ressources sont épuisées, et nous sommes dans la désolation. Aura-t-on pitié de nous? Tentera-t-on de nous relever ? Cessera-t-on de nous accabler, nous les travailleurs, de lourds impôts ? Si l'on met sur un riche deux cents francs d'impôt indirects dans l'année, et qu'on en mette tout autant sur le pauvre n'ayant qu'un très faible salaire, la charge est-elle proportionnelle ? Est-elle équitable ? Nous ne pouvons durer de la sorte; une sombre mélancolie nous torture. Que de gens sans travail, sans pain, sans crédit, finissant par perdre jusqu'à l'espérance ! Les estomacs se creusent, les visages s'altèrent, les fronts se plissent; plus de rire, plus de chants, plus de joie; une tristesse profonde. Tout s'assombrit. Voilà où nous en sommes... et on ne parviendra pas à nous sauver par des souscriptions, des quêtes, des danses, et des prières... Qu'on le sache...

Dès le 2 octobre 1873, connaissant assez la petitesse des passions humaines à de certaines époques, ne voyant que trop clair dans l'avenir, j'écrivais au rédacteur en chef de l'*Avenir national*, dont les idées n'avaient pas mon approbation, une lettre qui fut publiée dans son numéro du 8 du même mois et dans laquelle se trouvent les lignes que voici :

« Si Henri V échoue, si la République n'est pas proclamée, nous restons dans le provisoire; les pouvoirs du maréchal Mac-Mahon sont prorogés; des monarchistes de toutes provenances continuent à gouverner la République; l'inquiétude est partout et la France achève de se ruiner. »

On voulait sortir du provisoire, c'était une fureur; de toutes les poitrines royalistes sortaient ces mots mille fois répétés : Le provisoire nous tue. On se coalisait, on se pressait la main, c'était un délire, un transport. Henri V allait venir. Les voitures étaient commandées, son trône se dressait de lui-même; et puis tout à coup le rêve s'évanouit; plus d'Henri V, plus de roi, le désenchantement; et voilà la brouille, et voilà les tiraillements reprenant leurs cours. Cependant nos sauveurs, les ennemis du provisoire prirent un parti décisif, et afin qu'il n'y eut plus de ce provisoire si funeste, qu'ils maudissaient de concert, ils instituèrent un provisoire de sept ans, un septennat, et de peu s'en est fallu qu'ils ne fissent un décanat. Nous voilà sauvés! Mais comme je l'avais très bien prévu, « l'inquiétude est partout et la France achève de se ruiner. »

Enfin, la lumière se fera-t-elle ? verra-t-on nos peines, nos chagrins, notre effroi, la douleur de la France, et voudra-t-on, coûte que coûte, nous sauver, à la fin, pour tout de bon ? Voilà qu'une partie des auteurs du septennat ne veulent plus du septennat; ils veulent autre chose; nul accord entre les royalistes. La confusion augmente chaque jour.

Espérons que le gouvernement actuel, ni monarchie, ni république, nous dit-on, mettra enfin les pieds sur le chemin de Damas, et que, nouveau saint Paul, éclairé par un rayon d'en haut, pénétré, impressionné, frémissant, touché de la grâce, transformé tout-à-coup, se sentant tout autre, repoussera tout arbitraire, tout compromis fâcheux, ira droit son chemin, n'inclinant pas plus, et peut-être moins, vers les monarchistes que du côté des républicains; qu'il sera l'ami des droits populaires, le protecteur de toutes nos libertés, le Mentor de la République, et qu'il mettra toute sa gloire à l'établir et à la faire aimer dans notre patrie.

Et puis, la lumière s'étant faite et l'Assemblée aidant, il faudra, à propos des impôts, que les riches, que les possesseurs réels ne craignent pas de se charger un peu. Il faut épargner le travail, le commerce, les pauvres; il faut laisser de l'argent en bas, il ne faut pas tarir le mouvement, la vie; il faut nous donner du soulagement. Au lieu de renchérir le port des lettres, des prospectus, des imprimés, des circulaires par la poste, il faut le diminuer, il faut faciliter les relations des hommes entre eux. Ce qu'on perdra d'un côté sera retrouvé au décuple de l'autre. Au lieu d'augmenter le prix des transports en petite ou grande vitesse, il faut, il faudra l'abaisser; il faut que les vaisseaux, que les bâtiments de l'Etat et autres, autant que possible, soient mis à la disposition du commerce; que nos produits, que nos marchandises se répandent dans le monde entier, qu'en retour il nous soit apporté les produits étrangers, et en outre, beaucoup d'argent et beaucoup d'or, dont notre pays a tant besoin.

Au lieu d'organiser des bals, des quêtes en faveur des malheureux, gouttes d'eau jetées dans l'Océan, il faut dépenser, faire travailler; il faut que le Gouvernement, l'Assemblée nationale, viennent habiter Paris, que la capitale soit encore la capitale; il faut que la République soit proclamée, que l'état de siége, qui n'a plus sa raison d'être, disparaisse de notre territoire, et que nous respirions à l'aise et à pleins poumons; alors une étincelle électrique va parcourir la France, il y aura partout un rapide réveil, un immense tressaillement, et la vie circulera chaude et forte dans notre pays. Alors, dansez, Messieurs ! nous danserons aussi; chantez, nos chants répondront aux vôtres; tendez-nous la main, vous aurez notre main, et aux transports de joie de la France répondront des transports universels. La confiance renaîtra, les peuples redeviendront frères, et le monde s'élancera dans de plus belles et plus brillantes destinées.

C'est alors que nous parlerons de nos grands citoyens, de nos grands hommes de ce temps ! de nos Washington, de nos Sully, de nos Louvois, de nos Vauban, de nos Colbert, de nos Turgot, de nos sages législateurs, de nos sublimes philanthropes; et le monde applaudira. Mais si par l'entêtement d'un titre, d'un préjugé, d'une politique usée, d'une foi étroite, d'un parti-pris non raisonné, d'un sentiment trop personnel, on continue la marche trop longtemps suivie; si le travail reste mort, si la misère s'accroît encore, si la faim nous torture, si nous n'avons plus d'abri, si les intérieurs se brisent, si la mélancolie nous ronge, si le désespoir nous tue, si la France descend toujours plus bas, si elle devient un simulacre, une ombre pâle et triste d'elle-même, n'ayant plus de force, plus d'avenir, que dira l'histoire de ceux qui l'auront mise dans un tel état ? Elle sera terrible... Que de malédictions... qu'on y pense.

Eh, Messieurs, sauvez la France, sauvez le peuple ; ne nous laissez pas mourir d'inquiétude, d'ennui, de misère, de faim; et si vous ne pouvez rien pour mettre un terme à notre affreuse situation, retirez-vous, et laissez à d'autres le soin de notre salut.

FIN.

TABLE DES MATIÈRES

FIN DE LA TABLE.

Imprimerie de Surgères. — J. Tessier.

LIVRES ET LITHOGRAPHIES

par **Agricol PERDIGUIER**

rue Traversière, 38, Paris.

Le Livre du Compagnonnage, 2 volumes.	3 fr. 50.	» **75** c.
Question vitale sur le Compagnonnage et la classe ouvrière.	1 fr. 00.	» **20** c.
Les Gavots et les Devoirants, pièce d'enseignement. . . .	60 c.	» **10** c.
Le Chansonnier du Tour de France.	1 fr. 25.	» **20** c.
Une scission dans le Compagnonnage	1 fr. 00.	» **20** c.
Le Compagnonnage illustré, 4 planches coloriées	10 fr. 00.	» **40** c.
La Réconciliation des Compagnons, coloriée	5 fr. 00.	» **35** c.
Salomon, fondateur (en grand) colorié	4 fr. 00.	» **35** c.
Maître Jacques, fondateur, (en grand) colorié, ...	4 fr. 00.	» **35** c.
Le père Soubise, fondateur, en grand) colorié	4 fr. 00.	» **35** c.
Histoire démocratique des peuples, 7 volumes	8 fr. 75.	**1 60** c.
Despotisme et Liberté, brochure politique	50 c.	» **10** c.
Religion et Fanatisme, brochure	50 c.	» **10** c.
Comment constituer la République. — Organisation . . .	60 c.	» **10** c.
Patriotisme et Modération. — La Commune	60 c.	» **10** c.
Conseils d'un ami aux Républicains.	30 c.	» **10** c.
Appel aux Compagnons	15 c.	» **5** c.
Les fêtes patronales dans le Compagnonnage	15 c.	» **5** c.
Un Discours sur les heures de travail.	15 c.	» **5** c.
Maître Adam, menuisier, prose et poésie.	30 c.	» **10** c.
La Vérité sur le Pape et les Prêtres	30 c.	» **10** c.
Que devient, que deviendra la France !	30 c.	» **10** c.

S'adresser à l'auteur. — Mandat sur la poste. — Frais d'affranchissement par la poste marqués à droite du prospectus.
On ne peut envoyer contre remboursement que par les chemins de fer

Imprimerie de Surgères. — J. Tessier.

www.ingramcontent.com/pod-product-compliance
Ingram Content Group UK Ltd.
Pitfield, Milton Keynes, MK11 3LW, UK
UKHW012120240726
13965UKWH00005B/1860